Первый иллюстрированный словарь

Животные

Свинья

Бабочка

Кролик

Лиса

Иллюстрации Анны Иванир

www.kidkiddos.com
Copyright ©2024 by KidKiddos Books Ltd.
support@kidkiddos.com

All rights reserved. No part of this book may be reproduced in any form or by any electronic or mechanical means, including information storage and retrieval systems, without written permission from the publisher, except in the case of a reviewer, who may quote brief passages embodied in critical articles or in a review.
First edition, 2025

Library and Archives Canada Cataloguing in Publication
First Picture Dictionary - Animals (Russian edition)
ISBN:978-1-83416-240-9 paperback
ISBN: 978-1-83416-241-6 hardcover
ISBN: 978-1-83416-239-3 eBook

Дикие животные

Бегемот

Панда

Лиса

Носорог

Олень

Лось

Волк

✦ Лось отлично плавает и может нырять под воду, чтобы есть растения!

Белка

Коала

✦ Белка прячет орехи на зиму, но иногда забывает, где их спрятала!

Горилла

Домашние животные

Канарейка

Морская свинка

◆ Лягушка может дышать как кожей, так и лёгкими!

Лягушка

Хомяк

Золотая рыбка

Собака

✦ Некоторые попугаи могут повторять слова и даже смеяться, как человек!

Кошка

Попугай

♦Коза может взбираться на отвесные скалы и даже на деревья!

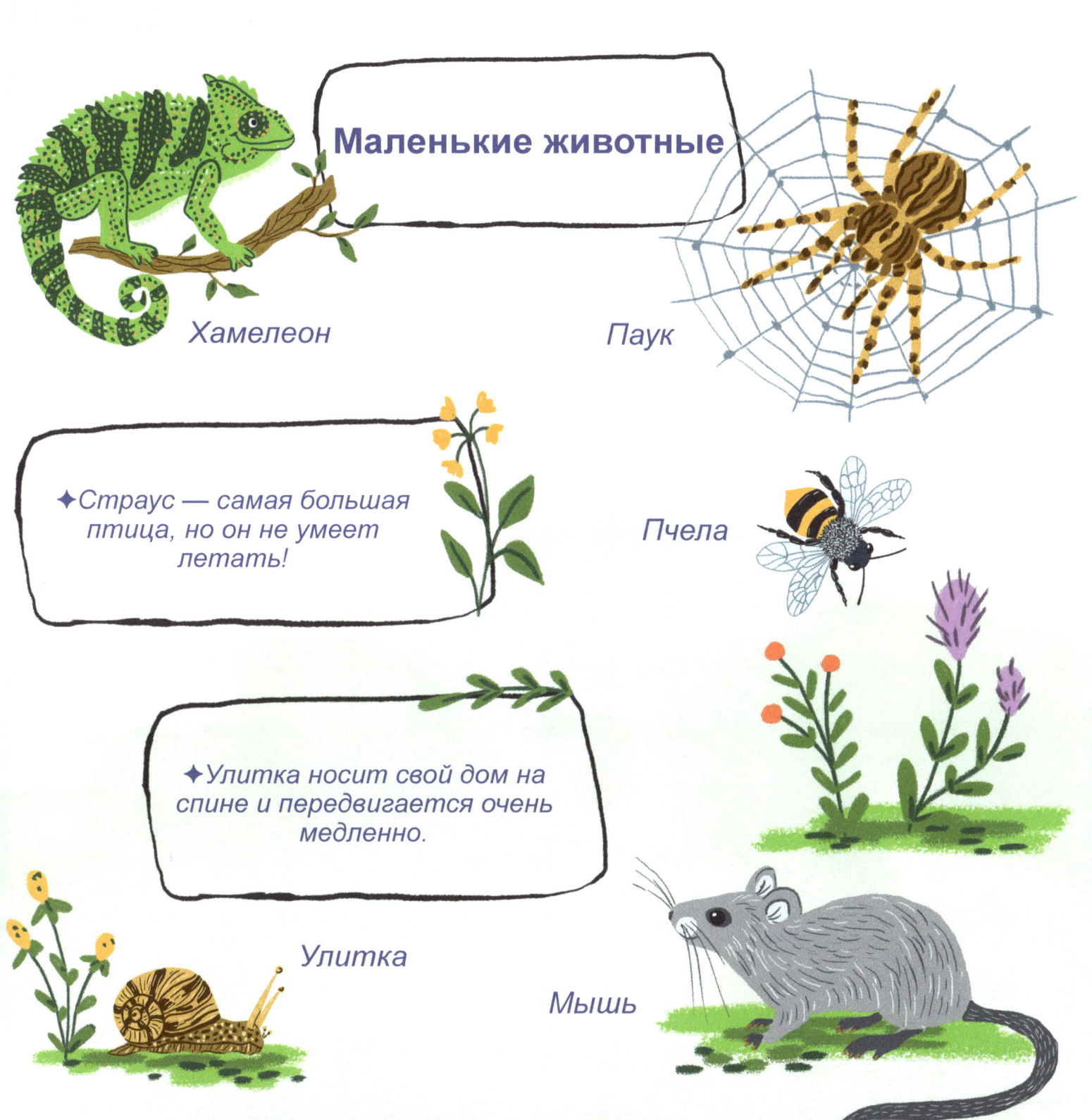

Тихие животные

Черепаха

Божья коровка

♦ Черепаха может жить как на суше, так и в воде.

Рыба

Ящерица

Сова

Летучая мышь

◆ Сова охотится ночью и использует слух, чтобы находить пищу!

◆ Светлячок светится ночью, чтобы найти других светлячков.

Енот

Тарантул

Яркие животные

Сова коричневая

Фламинго розовый

Лебедь белый

Осьминог фиолетовый

Лягушка зелёная

♦ Лягушка зелёная, чтобы прятаться среди листьев.

Бабочка и гусеница

Овца и ягнёнок

Лошадь и жеребёнок

Свинья и поросёнок

Коза и козлёнок

www.ingramcontent.com/pod-product-compliance
Lightning Source LLC
LaVergne TN
LVHW072004060526
838200LV00010B/282